CARTE

DU THÉATRE DE LA GUERRE

AUX ÉTATS-UNIS

EXPOSÉ

DE LA SITUATION

POLITIQUE ET MILITAIRE

AUX ÉTATS-UNIS

CIRCULAIRE ADRESSÉE PAR M. W.-H. SEWARD

MINISTRE DES AFFAIRES ÉTRANGÈRES

AUX CONSULS DES ÉTATS-UNIS EN EUROPE

**Protestation des habitants de la Caroline du Nord
contre la continuation de la guerre**

AVEC UNE CARTE COLORIÉE

INDIQUANT LES PROGRÈS DES ARMES FÉDÉRALES DEPUIS LE COMMENCEMENT DE LA GUERRE

PARIS

E. DENTU, LIBRAIRE-ÉDITEUR, PALAIS-ROYAL

GALERIE D'ORLÉANS, 17-19

1863

AU LECTEUR.

La révolution fomentée par les propriétaires d'esclaves du Sud, dans l'unique but de conserver et d'étendre l'esclavage, est le plus audacieux défi qui ait encore été jeté à la civilisation moderne. Cette tentative coupable est jugée et n'a plus désormais aucune chance de succès, grâce à la vigueur déployée par le Gouvernement fédéral, et grâce surtout aux sacrifices que n'a pas craint de s'imposer, dans l'intérêt de l'humanité autant que dans l'intérêt national, l'énergique population du Nord.

Le Sud n'est cependant pas définitivement réduit. La reconstruction de l'Union, sans l'esclavage, est une œuvre laborieuse qui exige encore bien des efforts, et il est bon que l'opinion publique continue à être impartialement éclairée sur le véritable état des choses.

Deux documents, récemment publiés, jettent un jour complet sur la situation politique et militaire. Ces deux documents sont : 1º une Circulaire, adressée par M. Seward aux consuls des États-Unis en Europe, et 2º un Appel des habitants de la Caroline du Nord en faveur du rétablissement de l'Union.

Ces deux documents, très répandus en Angleterre à
cause de leur reproduction dans tous les principaux
journaux de Londres, de Liverpool et de Manchester,
sont, au contraire, peu connus en France. Leur traduc-
tion a donc paru utile.

La Circulaire de M. Seward est un exposé rapide et
fidèle des opérations militaires depuis un an. L'illustre
secrétaire d'Etat explique, par la nécessité de couvrir
Washington, l'apparente inaction de l'armée du Potomac ; il fait ressortir les immenses avantages résultant
des victoires remportées dans l'Ouest par les généraux
Grant, Banks et Rosecrans ; enfin, il conclut en démon-
trant que le rétablissement de la paix par la recons-
titution de l'Union est inévitable, et que ce résultat tant
désiré sera promptement obtenu si la France et l'Angleterre enlèvent au Sud, par une déclaration formelle,
tout espoir d'un secours étranger.

Une carte coloriée, dressée d'après les documents of-
ficiels, accompagne la Circulaire de M. Seward, et rend
plus clair et plus saisissant l'exposé de la situation
militaire.

I

DÉPARTEMENT D'ÉTAT

Washington, 12 août 1863.

Monsieur,

Toutes les fois que les Etats-Unis se sont plaints des décrets par lesquels la Grande-Bretagne et la France accordaient prématurément aux insurgés le caractère de partie belligérante, les hommes d'Etat de ces pays ont répondu que de prime abord ils ont tous été d'opinion que les efforts du gouvernement fédéral pour maintenir l'Union et conserver l'intégrité de la République, ne pouvaient réussir.

Afin de redresser ce jugement porté à l'avance sur une question aussi vitale, j'adressai, le 14 avril 1862, aux représentants des Etats-Unis à l'étranger, une lettre-circulaire, dans laquelle je faisais l'exposé des opérations de la guerre sur mer et sur terre, et présentais les résultats qui en avaient été la suite jusqu'à cette époque. L'idée préconçue que j'essayais alors de dissiper subsiste encore, et forme la base de tout ce qui, à dessein ou non, dans la politique étrangère, est nuisible a ce pays.

Grâce à la sympathie et à l'assistance qu'ils ont trouvées au-dehors, les insurgés ont pu prolonger leur résistance, et leur principal stimulant est dans l'attente et l'espérance de recevoir dans l'avenir un concours plus efficace. Une prudente sollicitude pour nos relations extérieures, ainsi que les intérêts essentiels de la paix et de l'humanité dans notre propre pays, nous font un devoir de protester de nouveau contre un jugement préconçu, que rien ne justifie.

Les forces de l'Union ont éprouvé de cruels revers pendant le mois d'août 1862, mais ces batailles ont eu pour résultat de provoquer la fusion de l'armée qui avait été dirigée vers la Péninsule, au-dessous de Richmond, avec l'armée qui tenait la campagne entre ce principal boulevard de l'insurrection et la capitale fédérale. La sagesse de cette concentration des forces fut bientôt démontrée. L'armée insurgée, gonflée d'orgueil à la suite des succès qu'elle avait obtenus, traversa pour la première fois le Potomac, dans l'espoir que l'intérêt commun qu'il avait au maintien de l'esclavage, porterait le peuple du Maryland à se soulever en sa faveur. Mais elle fut complétement déçue dans son attente.

Le général Mac-Clellan, qui commandait les forces combinées de l'armée du Potomac, reçut des renforts provenant de nouvelles levées faites dans la Pensylvanie et de détachements enlevés aux forts environnants. Il chassa les insurgés des positions qu'ils occupaient à South-Mountain et à Crampton's Gap, et, vers le milieu de septembre, les deux armées ennemies se rencontrèrent à Sharpsburg, sur les bords de l'Antiétam et du Potomac. La victoire fut très vivement disputée. Des hommes de même race commandaient des armées composées d'hommes du même sang, et à peu près égales en nombre. L'arrogante prétention des insurgés à se croire supérieurs en courage et en héroïsme, prétention qu'ils disaient avoir justifiée depuis le commencement de la guerre, ne survécut pas à cette terrible bataille. L'armée insurgée, dispersée, abandonna l'idée d'envahir le Maryland, chercha un refuge et les moyens de se reconstituer en Virginie, de l'autre côté du Potomac.

Pendant que Lee envahissait le Maryland, le général Bragg, qui commandait l'armée insurgée du Tennessee méridionnal, devait hardiment traverser le Kentucky et porter la guerre dans l'Ohio. Il quitta Chattanooga, tourna par un mouvement rapide le flanc droit du général Buell, et, faisant appel aux sentiments esclavagistes qui existaient dans le Kentucky et le Tennessee, il marcha, à la tête de ses forces, contre Louisville et Cincinnati. Les fermiers de l'Ohio coururent aux armes et éloignèrent de cette dernière ville les dangers de dévastation dont elle était menacée. En même temps, le général Buell se mit à la poursuite du principal corps de l'armée d'invasion, le devança sur la route de Louisville, et le contraignit à se diriger vers l'est. Les deux colonnes ennemies opérèrent leur jonction à Perryville, où elles furent attaquées par le général Buell. L'engagement fut, comme toujours, acharné et sanglant. Bragg, après avoir éprouvé de grandes pertes, battit en retraite à travers une région relativement stérile, et Buell dut renoncer à le poursuivre, par suite du manque absolu de moyens de ravitaillement. Le chef insurgé traversa les monts Cumberland, reprit sa course vers l'ouest, et s'établit à Murfreesboro, qu'il s'empressa de fortifier, et où il s'efforça de réunir ses régiments dispersés.

Van Dorn et Price avaient, à la même époque, le commandement de forces considérables dans le Mississipi et l'Alabama, et devaient concourir à la grande invasion des États loyaux, décrétée par la cabale qui a établi son siége à Richmond. Ils se disposaient, non pas à délivrer, comme ils le prétendaient, mais à subjuguer l'ouest du Tennessee et le Kentucky. Le général Rosecrans fut attaqué par eux à Corinth, les battit en leur infligeant de grandes pertes et les repoussa loin de la région qu'ils s'étaient proposé d'envahir. Rosecrans, appelé à succéder au général Buell dans le commandement de l'armée de Cumberland, fit son entrée à Nashville, que les insurgés avaient investie, leur fit lever le siége et se prépara à prendre l'offensive. Il quitta Nashville vers la fin de décembre et livra, sur les bords de Stone River, une sanglante bataille qui lui valut l'occupation de Murfreesboro. Bragg battit en retraite vers Shelbyville et Tullahoma, où il s'empressa de se retrancher pour faire prendre à ses troupes un repos indispensable. Rosecrans n'avait pas moins besoin de repos. Les deux armées employèrent cette période d'indispensable inaction à se refaire et à augmenter leurs forces effectives. Le repos était cependant fréquemment troublé par des escarmouches ou par des invasions de cavalerie, en pays ennemi, souvent jusqu'à plusieurs centaines de milles. Ces petits engagements et ces expéditions permet-

taient de détruire les approvisionnements des rebelles,
d'entretenir le bon esprit des troupes et de les préparer à
de plus sérieuses opérations.

Wicksburg, considéré comme la clef de la navigation du
Mississipi, était toujours au pouvoir des insurgés. Cette
navigation était, d'un aveu unanime, absolument indispensable aux Etats-Unis, et sa reprise devait être fatale à l'insurrection. Le devoir de reprendre ce point était dévolu
à la marine, aidée d'un corps de troupes considérable,
campé sur la rive occidentale du Mississipi. Mais des difficultés imprévues venaient sans cesse contrecarrer cette
entreprise et semblaient en rendre le succès impossible.
Le général Grant, qui commandait ce département militaire et spécialement l'armée du Tennessee, prit enfin,
en les renforçant, le commandement des forces assiégean-
tes. L'escadre du Mississipi, commandée par le vice-ami-
ral Porter, fut également augmentée dans des proportions
telles, que l'on vit plus de cent bâtiments de guerre dans
le fleuve, et, dans le nombre, beaucoup de puissantes canonnières cuirassées. Une partie de l'escadre du Golfe,
sous les ordres de l'amiral Farragut, força bravement, en
dépit d'un feu violent, le passage devant Port-Hudson,
pour aller coopérer avec l'escadre du fleuve.

Des efforts actifs et persévérants furent faits pour per-
cer un canal en face de Wicksburg, comme on l'avait fait
avec un si complet succès en face de l'île N° 10. Mais les
divers canaux projetés et exécutés ne réussirent pas
comme on l'avait espéré, et ne purent donner passage
qu'à de petits steamers d'un faible tirant d'eau. Plusieurs
expéditions, composées en partie de forces navales et en
partie de forces de terre, tentèrent, en outre, au milieu
d'incroyables difficultés, de tourner les ouvrages ennemis
en s'engageant dans d'étroits bayous et dans des rivières
inextricables. Toutes ces tentatives échouèrent devant des
obstacles naturels, insurmontables. Le général Grant et
l'amiral Porter résolurent alors de lancer la flotte de canonnières et de transports sous le feu de Wicksburg, de
Warrenton et de Grand-Gulf, pendant que les forces de
terre descendaient la rive droite du fleuve jusqu'en face
de Grand-Gulf où elles traversèrent. Les batteries de
Grand-Gulf résistèrent pendant plusieurs heures au bom-

bardement à courte portée des canonnières ; mais elles tombèrent entre les mains de l'amiral Porter aussitôt que l'armée de Grant apparut sur l'autre rive.

Le général Grant, à l'aide d'une série de brillantes manœuvres et à la suite de marches interrompues chaque jour par des combats désespérés, réussit à couper les forces insurgées. Il attaqua alors la principale colonne commandée par Johnston, la chassa de Jackson, la capitale du Mississipi, et marcha vers l'ouest aussitôt qu'il eut détruit les ponts du chemin de fer et les magasins militaires. Divers combats eurent lieu, dans lesquels l'armée loyale eut toujours le dessus. Loring, à la tête d'un corps considérable d'insurgés, fut repoussé vers le sud-est, tandis que Pemberton, après avoir perdu soixante pièces d'artillerie et un grand nombre de prisonniers, se retira derrière les lignes fortifiées de Wicksburg avec une armée qui ne comptait plus que de 30 à 40,000 hommes.

Pendant que ces mouvements s'exécutaient, les batteries élevées par les insurgés à l'embouchure de la rivière Yazoo, et qui entraient pour une part importante dans l'ensemble des défenses de Wicksburg, étaient prises et rasées par l'amiral Porter. Une partie de l'escadre pénétra dans le Yazoo, détruisit tous les bateaux à vapeur qui s'y trouvaient, ainsi que de nombreux magasins remplis d'approvisionnements pour l'armée confédérée.

Le général Grant rétablit ses communications avec les escadres fédérales, au-dessus et au-dessous de Wiksburg, investit la ville et donna l'assaut, ne connaissant pas le nombre des défenseurs renfermés dans ses murs. Mais, quoique bravement et habilement conduit, l'assaut ne réussit pas. Grant se résigna donc, pour obtenir la reddition de la place, aux opérations moins sanglantes et plus sûres d'un siége en règle. Pemberton se défendit vaillamment, espérant toujours être secouru par Johnston ; rien n'était, en effet, négligé par les chefs résidant à Richmond pour mettre Johnston en état de porter secours aux assiégés. Ils lui expédièrent une partie des forces de Bragg et une partie de celles de Beauregard, affaiblissant ainsi les armées qui défendaient la frontière de l'Alabama et la Caroline du Sud. Toute la population libre du Mississipi fut appelée à la défense de la capitale de l'État et au secours de la principale place forte de la Confédération rebelle, qui se trouvait précisément au centre de la population esclave libérée par la proclamation présidentielle du 1er janvier. Mais les insurgés étaient épuisés et démoralisés, et ce que l'on attendait d'eux était au-dessus de leurs forces. Johnston ne tenta pas de faire lever le siége et échoua dans toutes ses tentatives pour rompre les lignes solides du général Grant. Le 4 juillet, Pemberton mit bas les armes et rendit la place, ayant encore 30,000 hommes, 200 pièces d'artillerie, 70,000 petites armes à feu et des munitions pour six ans. Cette victoire du général Grant ne le cède en rien au grand succès remporté par Napoléon à Ulm.

Le même jour, le général Prentiss, attaqué par les insurgés à Helena, sur la rive droite du Mississipi, dans l'Arkansas, les repoussa et leur fit un grand nombre de prisonniers. Et comme si cet anniversaire du 4 juillet, déjà si bien identifié avec toutes les espérances de la nation, avait été désigné d'avance comme devant être un jour complétement heureux, le général Lee, qui avait de nouveau envahi le Maryland, et s'était approché de la Susquehanna, menaçant Harrisburg, Pittsburg, Philadelphie et Baltimore, vaincu enfin pendant trois jours de suite à Gettysburg, se retira avec une armée plus maltraitée que jamais auparavant, vers sa position habituelle sur le Rappahannock.

Le 8 juillet, la garnison insurgée de Port-Hudson, forte de 6,000 hommes, se rendit sans condition au général Banks, après avoir soutenu un long siége avec le plus grand courage.

Ainsi fut reconquis par les États-Unis le dernier des nombreux postes à l'aide desquels, depuis deux ans, les confédérés avaient rendu impossible la navigation du Mississipi. Le grand fleuve qui, en temps de paix, contribue pour une si grande part à pourvoir aux besoins sans cesse croissants de l'humanité, et joue le rôle que jouait le Nil du temps de l'empire romain, est de nouveau rouvert au commerce intérieur du pays. Les steamers le descendent, ainsi que ses tributaires, depuis le point où ils sont navigables jusqu'au golfe du Mexique.

Il est hors de doute que les dernières opérations militaires sur les bords du Mississipi ont fait perdre aux insurgés 50,000 hommes et 300 pièces d'artillerie. L'ar-

mée de Johnston, qui menaçait les assiégés au moment
de la reddition de Wicksburg, rétrograda jusqu'à Jackson, d'où elle fut chassée par le corps du général Sherman, que Grant avait lancé à sa poursuite. En se reti-
rant, Johnston mit le feu à plusieurs magasins remplis
de munitions de guerre, et abandonna un grand nombre
de locomotives et de wagons qui se trouvaient retenus à
Jackson depuis que les forces du gouvernement avaient
coupé les chemins de fer au nord, au sud, à l'est et à
l'ouest de cette ville.

Le général Sherman cessa de poursuivre Johnston et
revint à Wicksburg, où une partie de l'armée se remit de
ses fatigues, pendant qu'une autre partie faisait la police
le long du Mississipi pour disperser les bandes qui in-
festent les rives du fleuve et tirent sur les steamers. On
rapporte que Johnston, avec les 25,000 hommes qui lui
restent, s'est retiré à Meridian sur les confins orientaux
de l'État du Mississipi, à 120 milles à l'est de Wicksburg, et cet État, qui fut l'un des premiers à proclamer
l'insurrection et qui fut l'un des plus passionnés, est
abandonné par les chefs militaires de la révolte.

Dans la Louisiane, le général Banks a succédé au général Butler. Après avoir consacré plusieurs mois à or-
ganiser son département et discipliner les nouvelles levées, le général Banks exécuta une série de marches
rapides et heureuses qui eurent pour résultat de chasser
les insurgés des régions des Attakapas et du Tèche, les
plus riches régions de la Louisiane; il s'empara d'A-
lexandria et de Donaldsonville, où siégeaient depuis
leur fuite les autorités exécutive et législative ; puis, tra-
versant le Mississipi à Bayou-Sara, où les colonnes de
renfort envoyé de Bâton-Rouge le rejoignirent, il investit
Port Hudson, le seul point avec Wicksburg que la rébel-
lion possédât encore sur le Mississipi.

On ne doit pas avoir oublié que le 22 septembre 1862
le Président a publié une proclamation par laquelle il in-
timait aux insurgés l'ordre de mettre bas les armes, les
prévenant que le 1er janvier suivant il proclamerait,
comme mesure militaire, l'affranchissement de tous les
esclaves dans tous les districts où l'insurrection recevrait
encore l'appui du peuple. L'avertissement fut générale-

ment méconnu, et le Président mis au défi d'accomplir sa menace. La proclamation annoncée fut publiée. A mesure que les armées nationales pénétrèrent dans les territoires insurgés, on vit les esclaves, en nombre considérable, accepter la liberté et venir se placer sous la protection du drapeau national. Au milieu des difficultés sans nombre que souleva une mesure si contraire aux habitudes politiques du pays, on vit toutefois les hommes, rendus ainsi à la liberté, montrer le plus grand empressement à s'enrôler dans l'armée fédérale. Il y eut pendant quelque temps des doutes sur l'aptitude militaire de ces nouvelles recrues; mais ces doutes furent levés tout à coup dès le début du siége de Port-Hudson. Les régiments de nègres montrèrent un vrai dévouement et un très grand courage militaire dans tous les assauts qui furent ordonnés par le général Banks. Ce siége occupa à peu près toutes les forces disponibles du général Banks, et, pendant ce temps, des corps insurgés, venus du Texas, réoccupèrent une grande partie du sud-ouest de la Louisiane. Mais la reddition de Port-Hudson lui permit de disposer de son armée, et il a déjà reconquis à peu près tout le territoire sur lequel l'autorité nationale n'avait été que temporairement déplacée.

La complète occupation du Mississipi par les forces nationales a partagé en deux la région insurgée, et parmi les résultats que procure cette division, le plus important est que les opérations militaires de l'insurrection sont concentrées à l'est du grand fleuve, tandis que presque tous les approvisionnements avaient toujours été retirés des prairies de l'Arkansas et du Texas, c'est-à dire de la région située à l'ouest du Mississipi. D'une part, ces prairies ne pourront plus fournir aux insurgés les bestiaux qu'elles en retiraient; d'autre part, les armes, les équipements et les munitions provenant des manufactures de l'est ne pourront plus être expédiés aux forces qui sont en garnison dans l'ouest. L'importance de l'occupation du Mississipi a été démontrée il y a peu de jours par la saisie qu'a opérée le général Grant près de Natchez, de cinq mille bœufs et de deux mille mules, que l'on venait de transporter sur la rive est, et par la saisie de plusieurs centaines de mille cartouches et autres objets que l'on venait de débarquer au même point sur la rive ouest.

Le blocus a été rigoureusement maintenu devant Charleston, et si quelques steamers rapides, tirant peu d'eau et peints en noir, ont parfois réussi, à la faveur de la nuit, à tromper la vigilance de l'escadre de blocus, beaucoup du moins ont été détruits, et un plus grand nombre encore ont été capturés. Une attaque dirigée par la flotte, le 7 avril dernier, contre les forts et contre les batteries qui défendent l'entrée du port, a échoué, parce que les obstructions placées dans le chenal n'ont pas permis aux hélices de fonctionner, et ont contraint les bâtiments cuirassés à se retirer lorsque déjà ils avaient passé sous le feu des batteries. Ces bâtiments ont bravé le feu des forts, bien que certains défauts de construction aient été révélés par les avaries qu'ils ont reçues. Les équipages ont bravé une canonnade peut-être sans précédent avec une remarquable impunité. Il n'y a pas eu un seul homme tué à bord d'aucun des Monitors. Les défauts de construction reconnus ont été corrigés, et l'attaque a été reprise avec de grandes chances de succès. Les forces combinées de terre et de mer concourent à la réduction des forts. Nous occupons plus de la moitié de l'île Morris, et nos troupes de débarquement, protégées par les batteries de l'escadre et par les batteries élevées sur le rivage, poursuivent activement le siége du fort Wagner, un grand ouvrage en terre, contre lequel deux brillants assauts ont été donnés sans succès.

Le 17 juin, l'*Atalanta*, considéré par les insurgés comme leur plus puissant bâtiment cuirassé, quitta Savannah et descendit la rivière Wilmington. Les bâtiments cuirassés nationaux le *Weehawken*, capitaine John Rodgers, (1) et le *Nahant*, capitaine John Downs, étaient prêts à le recevoir. A 4 heures 54 minutes, l'*Atalanta* tira un premier coup de canon rayé contre l'arrière du *Weehawken*. A 5 heures 15 minutes, le *Weehawken*, à une distance de 300 yards, ouvrit le feu contre l'*Atalanta* qui venait de s'échouer; il tira cinq coups, dont quatre portèrent. L'*Atalanta* se rendit à 5 heures 30 minutes.

Notre situation militaire dans la Caroline du Nord est

(1) Le commandant John Rodgers a été tué le 23 août, à bord du *Passaïc*, pendant le bombardement du fort Sumter.

toujours la même. Les insurgés ont échoué dans toutes les tentatives qu'ils ont faites pour reprendre les villes d'où ils ont été chassés. Leurs communications ont été considérablement gênées, et d'importants approvisionnements militaires ont été détruits par diverses expéditions dirigées dans l'intérieur de l'Etat. Des symptômes de profonde désaffection pour la cause des insurgés se manifestent dans la Caroline du Nord, ainsi que dans le Mississipi, l'Alabama, l'Arkansas et le Texas.

La situation n'a pas changé sur les rivières York et James depuis la retraite de l'armée du général Mac-Clellan de la Péninsule, il y a un an. Les insurgés n'ont pas réussi à reprendre Williamsburg et Suffolk, et si la garnison de cette dernière place a été retirée, c'est par suite d'une simple mesure militaire pour l'établir sur une meilleure ligne de défense.

Je reviens à l'armée du Potomac qui prenait du repos et se réorganisait après avoir mis un terme à la première invasion du Maryland. Le général Mac-Clellan retraversa le Potomac en novembre et força l'armée d'invasion commandée par Lee de battre en retraite vers Gordonsville, au sud du Rappahannock. Lorsque l'armée du Potomac atteignit Warrenton, le commandement en fut confié au général Burnside. Le nouveau général en chef se dirigea sur Falmouth, espérant traverser le Rappahannock à Fredericksburg et marcher sur Richmond. Des délais résultant de diverses causes, sans qu'il y eût de la faute du général, donnèrent aux insurgés le temps d'occuper les hauteurs de Fredericksburg, et lorsqu'enfin, en décembre, le général Burnside traversa la rivière, son attaque contre la position bien fortifiée de Lee échoua. Il retraversa habilement sur la rive gauche sans éprouver de pertes. Le général Hooker lui succéda, et ce ne fut qu'au commencement de mai que la rivière et les routes permirent de reprendre l'offensive. Hooker passa le Rappahannock et livra une bataille sanglante qui ne se termina pas heureusement pour l'armée du Potomac. Le corps du général Sedgwick s'empara des hauteurs de Fredericksburg, mais l'armée entière fut obligée de revenir sur ses pas sur la rive nord de la rivière.

Après cette bataille, dans la dernière partie du mois de mai et dans le courant de juin, Lee quitta sa position en face de Hooker, et remonta la rive droite du Rapidan, pénétra dans la vallée de la Shenandoah et tenta une fois encore la fortune en envahissant les états loyaux. Un vif engagement de cavalerie au gué de Beverly démasqua ce mouvement, et l'armée du Potomac marcha à la rencontre des rebelles. La milice du Maryland, de la Pensylvanie et de New-York courut aux armes et occupa Baltimore, Harrisburg et la ligne de la Susquehanna. Les deux armées se rencontrèrent à Gettysburg, dans la Pensylvanie. Après une bataille de trois jours et un affreux carnage des deux côtés, les insurgés s'éloignèrent de la position occupée par le général Meade. Le général Méade avait été, quatre jours seulement avant la bataille, appelé au commandement de l'armée du Potomac. Le 4 juillet, le jour de la reddition de Wicksburg, Lee battit en retraite par Chambersburg et Hagerstown vers Williamsport, où le général Meade avait fait ses dispositions pour l'attaquer. Trompé par la hauteur des eaux du Potomac qu'il ne croyait pas guéable, et attendant d'heure en heure des renforts, le général Meade attendit un jour de trop, et les insurgés, en partie au gué, en partie sur des ponts de bateaux, réussirent à repasser la rivière pendant la nuit avec leur artillerie et une grande partie de leurs bagages. Une forte portion de ce bagage, ainsi qu'une partie du butin enlevé en Pensylvanie, furent détruits par la cavalerie ou abandonné pour faire place aux blessés que Lee emportait du champ de bataille. Il avait enseveli le plus grand nombre de ses morts le premier jour de la bataille de Gettysburg; le reste, et ceux des second et troisième jour, en tout 4,500, fut enseveli par l'armée victorieuse. Plusieurs milliers d'insurgés, et dans le nombre beaucoup de prisonniers, tombèrent entre les mains de Meade. Il est hors de doute que cette seconde invasion a coûté aux insurgés quarante mille hommes. Notre perte a été grande aussi, car la lutte était acharnée. Meade traversa le Potomac, et Lee se retira du côté de Gordonsville, où l'on suppose qu'il se trouve en face de nos forces.

Pendant que ces événements s'accomplissaient dans l'est et dans l'ouest, le général Rosecrans s'avançait contre Bragg, qui résista à peine, n'essayant pas même de conserver ses positions de Shelbyville et de Tullahoma, dans le Tennessee méridional. Rosecrans prit possession de ces places, et Bragg opéra une retaite désastreuse sur Chattanooga. On croit que son armée a été, en outre, réduite par suite de l'envoi de plusieurs détachements pour renforcer Johnston, lorsque ce général voulait faire lever le siége de Wicksburg.

Je ne dois pas oublier les opérations de la cavalerie. Le général Stoneman, pendant le mouvement de l'armée sur Chancellorsville, fit une rapide incursion en pays ennemi, depuis le Rappahannock jusqu'à la rivière York. Cette incursion restera comme l'un des plus brillants épisodes de la guerre.

Tandis que nos forces opéraient contre Wicksburg et contre Port-Hudson, le colonel Grierson, avec 1,500 hommes, partit de Corinth, parcourut l'État dans toute sa longueur et dans toute sa largeur, coupant les communications, détruisant les approvisionnements des rebelles, sans faire aucune perte sérieuse, et rejoignit ensuite l'armée du général Banks, devant Port-Hudson.

John Morgan, jusqu'ici le plus heureux parmi les chefs de partisans insurgés, traversa dernièrement le Tennessee et le Kentucky, se dirigeant vers le Nord, en ayant soin d'éviter les grands corps de troupes, parvint sur les bords de l'Ohio, à Brandenburg, au-dessous de Louisville, et saisit deux bateaux à vapeur avec lesquels il passa dans l'Indiana. Par une marche rapide, vivant sur le pays qu'il parcourait, détruisant les ponts et les stations de chemins de fer, pillant des villages sans défense, il traversa une partie de l'Indiana et presque tout l'Ohio. Le peuple de ces deux États, sur l'appel des gouverneurs, prit les armes : les uns occupèrent les points les plus importants, d'autres barricadèrent les routes. Morgan ne put trouver les mécontents sur lesquels il avait compté pour remplir les vides faits dans ses rangs, et quand il revint sur les bords de l'Ohio, il fut arrêté dans sa retraite et repoussé par les canonnières qui lui tuèrent beaucoup de monde. Il avait 2,500 hommes, 4,000 chevaux et plusieurs pièces d'artillerie; 300 hommes seulement repassèrent l'Ohio; les autres, y compris Morgan, ses principaux officiers et toute son artillerie, furent tués dans de nombreux engagements ou faits prisonniers.

Un corps d'insurgés a tenté récemment d'envahir le Kentucky oriental, très probablement dans le but de faire une diversion qui aurait permis à Morgan de s'échapper, mais après s'être avancé jusqu'à Lexington ; ce corps, poursuivi par plusieurs détachements de l'armée de Burnside, a été battu et a perdu un grand nombre de prisonniers et toute son artillerie.

Cette revue de la campagne montre que nos armes n'ont pas fait de grands progrès dans l'est. Les forces en présence ont toujours été trop égales, pour permettre que de sérieux avantages pussent être obtenus soit d'un côté soit de l'autre, et la nécessité de couvrir notre capitale nationale n'a jamais permis à nos généraux de tenter quelqu'un de ces mouvements audacieux qui conduisent fréquemment à de brillants succès militaires.

Mais dans l'ouest nous avons obtenu des résultats beaucoup plus satisfaisants : nous avons enlevé aux rebelles 50,000 milles carrés. En consultant la carte annexée à cette circulaire, on voit que, depuis le commencement de la guerre, le gouvernement a rétabli son autorité sur une région embrassant plus de 200,000 milles carrés, c'est-à-dire égale en superficie à l'Autriche ou à la France ou à la Péninsule ibérique. Pendant le seul mois de juillet dernier, les insurgés ont perdu sur les champs de bataille ou pendant les opérations de divers siéges un tiers de leurs forces totales.

Le chef de la sédition, M. Jefferson Davis, a depuis ordonné une levée en masse de tous les hommes aptes au service militaire. Cette mesure, si elle recevait sa pleine exécution, épuiserait la partie de la population avec laquelle on fait des soldats. Les insurgés estiment eux-mêmes que le nombre total des conscrits que l'on pourrait ainsi lever s'élèverait de 70,000 à 95,000 hommes.

Les armées que nous opposons en ce moment aux insurgés leur sont partout supérieures en nombre. Un tirage au sort de 300,000 hommes s'exécute en ce moment, pour remplacer les soldats dont le temps de service est expiré et pour combler les vides dans nos régiments de vétérans. Le peuple, comprenant l'absolue nécessité de cette mesure, s'y soumet avec empressement. Nos armées sont partout bien équipées, bien nourries et pourvues de tous les moyens de transport. Les soldats au service depuis deux ans se comportent comme des vétérans et montrent la plus grande fermeté sur tous les champs de bataille.

Nos hommes, faits aujourd'hui à la vie des camps et rompus à toutes les fatigues, supportent des marches qu'on eût jugées impossibles au commencement de la guerre. La nation s'accoutume à la guerre et le métier des armes lui devient familier. Les fournitures et les approvisionnements abondent aux prix les plus modérés. On n'aperçoit aucun signe d'épuisement ni d'argent, ni de matériel, ni d'hommes. Une réquisition pour une remonte de 6,200 chevaux vient de s'effectuer avec une étonnante rapidité; tous ces animaux ont été expédiés de Washington en quatre jours. Notre emprunt est acheté au pair par nos propres citoyens, à raison d'environ 1,200,000 dollars par jour (6,300,000 fr.). L'or se vend sur nos marchés de 123 à 128, pendant que dans les Etats insurgés il commande 1,200 p. 0/0 de prime.

Tous les ports insurgés sont occupés, bloqués ou assiégés par les forces nationales. Le territoire de la Confédération projetée est partagé en deux par le Mississipi. Les fortifications élevées sur les rives du grand fleuve sont entre nos mains, et ses eaux sont sillonnées et protégées par la flotte fédérale.

Le Missouri, le Kentucky, le Delaware et le Maryland, tous États à esclaves, soutiennent le gouvernement fédéral. Le Missouri a même déjà proclamé, pour recevoir son effet dans sept ans, l'abolition graduelle de l'esclavage. Les quatre cinquièmes du Tennessee, les deux tiers de la Virginie, les côtes et les baies de la Caroline du Nord, la moitié du Mississipi, la moitié de la Louisiane, une partie de l'Alabama, les côtes entières de la Caroline du Sud et de la Géorgie, ainsi qu'une bonne partie des côtes de la Floride, sont au pouvoir des États-Unis.

Les insurgés et ceux des esclaves auxquels ils persuadent encore de se défier de la proclamation du président sont maintenant acculés dans le centre et le sud de la Virginie, de la Caroline du Nord, de la Caroline du Sud, de la Géorgie et de l'Alabama. Quant aux pionniers de l'esclavage, insurgés au delà du Mississipi, ils sont coupés et n'ont plus de communications avec le grand centre de la résistance.

D'autre part, bien qu'il y ait moins de six mois que les usages ou les lois des États-Unis permettent à un homme de race africaine de prendre les armes pour la défense de leur pays, il y a déjà en campagne 22,000 hommes de couleur régulièrement enrôlés, armés, équipés ; cinquante autres régiments de mille hommes chaque sont en voie d'organisation, et 62,800 personnes de la même classe sont employées comme conducteurs de voiture, comme ouvriers des champs, ou comme servants dans les camps. Ces faits montrent que dans le cours même de l'insurrection, l'infortunée population servile qui, au début, constituait un de ses principaux éléments de force, passe du côté opposé et combat pour le maintien de l'Union.

Vous pouvez faire usage de ces faits comme vous le jugerez convenable, pour convaincre ceux qui voient un retour à la prospérité commerciale dans le rétablissement de la paix en Amérique, que le moyen le plus certain et le plus court d'atteindre le but désiré, c'est de ne donner aux insurgés ni aide ni encouragements, et de laisser l'ajustement de nos difficultés domestiques exclusivement au peuple des Etats-Unis.

J'ai l'honneur d'être, etc.

WILLIAM H. SEWARD.

II

L'appel suivant, que vient de publier le *Standard*, journal officiel de la Caroline du Nord, est à la fois une protestation chaleureuse contre la continuation de la guerre, et l'acte d'accusation le plus énergiquement motivé qui se soit produit contre le Gouvernement de Richmond. On ne saurait exagérer l'importance de ce document, puisqu'il émane des confédérés eux-mêmes, et qu'après avoir causé dans tout le Sud une immense sensation, il a donné lieu à d'imposantes manifestations unionistes.

Raleigh (Caroline du Nord), août 1863.

On a comparé la guerre actuelle à l'ancienne lutte révolutionnaire contre la mère-patrie, mais il n'y a guère d'analogie entre les deux cas. Les treize colonies n'étaient pas, comme l'ont toujours été les Etats du Sud, égales en droits politiques aux autres Etats de l'empire britannique : elles ne jouissaient d'aucun pouvoir souverain ; elles n'avaient pas le droit, comme nous l'avions, d'être représentées au Parlement commun de l'Union britannique ; c'étaient de simples colonies, de pures dépendances de la mère-patrie. Dans une heure de mauvaise inspiration, l'administration de George Grenville, et ensuite celle de lord North essayèrent d'imposer une taxe aux colonies. Cette oppression rencontra une résistance qui devint le prétexte d'autres oppressions encore plus injustes. Les colonies continuèrent à résister par les voies constitutionnelles pendant près de dix ans. Elles adressèrent des représentations, des remontrances et des pétitions pour le redressement des griefs ; mais ce fut en vain.

Enfin elles prirent les armes, dans le but avoué d'obtenir justice. Elles renièrent solennellement toute intention
de se séparer de la mère-patrie, car elles étaient aussi
loyales dans leurs sentiments d'attachement à la Constitution britannique que les habitants de Surry ou de Corn-
wall. Elles avaient le ferme espoir que cette démarche
résolue leur ferait rendre justice, mais l'avis de tous les
grands hommes d'État du siècle — des Chatam, des
Cambden, des Burke, des Fox, des Rokingham et d'autres
— ne prévalut pas dans l'esprit étroit d'un monarque
arriéré sur la bigotterie du ministère qui dirigeait alors
les destinées de l'empire britannique. Espérant encore,
les colonies continuèrent pacifiquement la lutte pendant
toute une année. Puis le Parlement anglais déclara que
les colonies n'étaient plus sous la protection de la mère-
patrie. Alors enfin, elles n'eurent plus d'autre ressource
que de proclamer leur indépendance et de la défendre,
au prix de leur sang et de leur vie.

La bataille de Lexington fut livrée le 19 avril 1775, et
le 12 avril 1776 le Congrès provisoire de la Caroline du
Nord « autorisa ses délégués au Congrès à se joindre aux délégués des autres colonies pour proclamer l'indépendance
et former des alliances étrangères. » Le 15 mai, la Virginie,
par l'organe de sa convention, donnait pour instructions
à ses délégués au Congrès continental « de proposer à ce
corps de déclarer les colonies unies États libres et indé-
pendants, affranchis de toute allégeance ou de toute
dépendance de la couronne ou du Parlement de la
Grande-Bretagne. » Le 4 juillet 1776, la Déclaration
d'indépendance à jamais mémorable était proclamée.

Mais quelle différence aujourd'hui dans la conduite des
sécessionnistes ! Il y a des années qu'ils semblent avoir
décidé que l'Union devait être détruite, et ils se sont mis
à l'œuvre pour forger des griefs qui parussent leur fournir
un prétexte décent pour l'accomplissement de leurs plans
prémédités. Le premier effort a eu lieu aux jours de la
nullification par les sécessionnistes de la Caroline du
Sud. Le grief dont on se plaignait alors était le tarif, bien
que l'État de la Caroline du Sud eût été lui-même, depuis
la fondation du gouvernement jusqu'aux environs de cette
période, un avocat aussi énergique d'un tarif élevé qu'aucun État de la Nouvelle-Angleterre. On fit un compro-

mis, et la Caroline du Sud obtint tout ce qu'elle deman-
dait ostensiblement. Un tarif modeste, parfois avec
quelque protection, devint la politique traditionnelle du
gouvernement, qui ne s'en départit jamais, sauf la courte
période du tarif de 1842. Les sécessionnistes n'étaient
pas encore satisfaits. Immédiatement après l'adoption du
bill de compromis de M. Clay, le journal organe des sécessionnistes à Washington déclarait « que le Sud ne pourrait jamais être uni sur la question du tarif, et que celle
de l'esclavage était la seule qui pût l'unir. M. Calhoun, si
nous ne nous trompons, tenait le même langage à Abbe-
ville, dans la Caroline du Sud, vers la même époque. Naturellement tous ses moindres adhérents l'imitèrent. Alors
commença cette violente agitation de la question de la
servitude du noir, qui atteignit presque son paroxysme
lors de l'admission de la Californie, en 1850. Ce fut encore matière à compromis, grâce aux efforts de ces hommes d'État immortels, MM. Webster, Clay et autres.

Tout le pays parut d'abord satisfait de l'arrangement,
mais on s'aperçut bientôt qu'il y avait parmi les extrêmes
du Sud des esprits inquiets, que ne satisferait rien moins
que la dissolution de l'Union. On peut prendre W. L.
Yancey comme le type de cette classe de politiciens. Il
recommença sur-le-champ à agiter la question. Il se rendit à la Convention nationale démocratique de Baltimore,
en 1852, en qualité de délégué de l'Alabama. Il y proposa
l'ultimatum aux termes duquel il continuerait à agir avec
le parti démocratique, ultimatum moyennant lequel, selon lui, les États à esclaves consentiraient à rester dans
l'Union, demandant que la doctrine de la non-intervention du Congrès à l'égard de l'esclavage dans les territoires fut insérée dans le programme démocratique.
M. Yancey échoua et refusa de soutenir l'élu de la convention, M. Pierce. Toutefois, il ne put dès lors créer un
grand schisme dans le parti démocratique, tant était pro-
fond le calme que le compromis de 1850 avait produit. En 1856, il revint comme délégué de l'Alabama à la
Convention de Cincinnati, avec son dernier ultimatum
dans sa poche. Contrairement à ses vues et à son attente,
il fut inséré dans le programme de Cincinnati, et n'ayant
plus d'excuse, il soutint M. Buchanan pour la présidence
dans l'automne de cette année. En même temps, cepen-

dant, cette fatale mesure, le rappel du compromis du Missouri, avait été consommée. Elle fut enlevée par quelques radicaux du Sud, aidés de quelques démocrates du Nord. Le but avoué de son auteur était d'ouvrir à l'esclavage les territoires au nord de la ligne du compromis du Missouri, malgré l'arrangement de 1820, d'après lequel cette ligne devait diviser à jamais les États libres et esclaves. On a dit que le compromis de 1820 était inconstitutionnel : Comment? et qu'est-ce que cela faisait au but? C'était un pacte solennel entre les deux sections du pays, fait pour résoudre la question la plus brûlante. Sans égard pour sa constitutionalité, on aurait dû au moins le regarder comme une loi organique et l'observer comme un pacte aussi sacré que la Constitution même.

L'effet de cette mesure fut grand et rapide, et l'on ne peut guère douter qu'il fut ce que ses auteurs en attendaient. Le résultat fut la formation au Nord d'un grand parti contraire à l'extension ultérieure de l'esclavage, et ce parti réussit presque à élire M. Frémont, son candidat, à la présidence, en 1856. Après l'élection, ce parti sembla s'amoindrir, jusqu'à ce que l'esprit anti-esclavagiste fût révolté dans tout le Nord par la tentative, de la part de l'administration de M. Buchanan, d'imposer la constitution. Lecompton et l'esclavage au peuple du Kansas, en dépit des vœux bien connus et souvent exprimés des trois quarts de ses citoyens. Malgré cette mesure injustifiable, le parti républicain était redescendu à des proportions modérées, et il est même douteux qu'il eût pu réussir à l'élection présidentielle de 1860, si les sécessionnistes, Yancey en tête, n'avaient pas résolu qu'il réussirait.

Quand M. Yancey et son parti eurent obtenu, contre leur désir, l'insertion de leur ultimatum de non-intervention dans le programme de Cincinnati, ils se mirent à l'œuvre pour en fabriquer un autre et le présenter, en 1860, à la Convention de Charleston. Abandonnant leur doctrine de non-intervention, ils se jetèrent dans l'extrême opposé, et demandèrent que l'intervention du Congrès pour la protection de l'esclavage dans les territoires fît partie du programme de Charleston. Ils savaient bien qu'on ne se rendrait pas à cette demande, et ils ne souhaitaient pas qu'on s'y rendît. Leur but était d'amener la retraite de la Convention des délégués des Etats à coton,

d'ôter ainsi toute chance à la nomination de M. Douglas,
et de diviser le partie démocratique pour assurer l'élection
de M. Lincoln. De cette façon, ils se forgeaient eux-mêmes
un grief, qui semblerait les justifier dans l'exécution de
leur projet, longuement médité, de détruire l'Union.

Tout cela, ils l'ont accompli, et l'élection de M. Lincoln a peut-être été acclamée avec plus de joie à Charleston
qu'à New-York. Nous leur rendrons la justice de constater
qu'ils ont prétendu avoir quelques autres griefs ; entre
autres, que certains Etats du Nord, gênaient, par leurs sta-
tuts, l'exécution de la loi des esclaves fugitifs : les Etats
qui avaient le plus à se plaindre de ce chef voulaient rester dans l'Union, tandis que la Caroline du Sud, qui a
donné le branle, n'avait peut-être jamais perdu un esclave. Ce qu'il faut bien se mettre dans l'esprit, c'est
qu'aucun acte du gouvernement national ne constituait
une partie de leurs griefs. Ils n'alléguaient pas qu'aucun
acte du Congrès eût lésé leurs droits, et les décisions de
la cour suprême étaient celles qu'ils auraient pu dicter
eux-mêmes. Enfin, même au moment de l'inauguration de
M. Lincoln, si les Etats cotonniers avaient permis à leurs
sénateurs et à leurs représentants de rester à Washington,
ils auraient eu dans les deux chambres du Congrès une
majorité décidée en faveur de l'extension de l'esclavage
et contraire au parti qui avait élu le président.

Le grand motif de plainte était qu'un homme opposé à
l'extension de la servitude dans les territoires, avait été
élu président des Etats-Unis, conformément aux règles
de la Constitution qu'il devait jurer de défendre et de
protéger ; un homme qui répudiait tous moyens autres
que les moyens constitutionnels pour l'accomplissement
de ses vues. Dans de pareilles circonstances, il semble
que s'ils avaient eu des griefs réels, leur conduite était
toute tracée ; ils auraient dû imiter celle de nos pères de la
révolution. Quand les Etats se sont assemblés en convention, au lieu de commencer par proclamer leur indépendance, ils auraient clairement et brièvement exposé leurs
griefs, et en auraient demandé le redressement en termes
respectueux, quoique fermes et décidés. Ils auraient
épuisé tous les moyens constitutionnels d'obtenir des garanties, s'il en était besoin, par représentations, par remontrances, par pétitions. Tous ces moyens échouant,

ils auraient dû, à l'exemple de nos aïeux de la révolution, combattre pour leurs droits dans l'Union, jusqu'à ce qu'ils fussent chassés. Une pareille conduite nous eût concilié, comme à nos pères, le respect, la sympathie et l'assistance des autres nations. Au lieu de cela, nous n'avons pas un ami en Europe : car telle n'a pas été la conduite que ces hommes d'État, qui se croient si sages, ont voulu tenir. Quand on la leur a conseillée ou recommandée, ils ont éludé le conseil par une longue liste de promesses pompeuses, qui semblaient assez splendides pour éblouir l'esprit.

D'abord et avant tout, ils ont promis que la sécession serait pacifique.

Secondement, ils ont promis que, si par hasard la guerre éclatait, ce serait une guerre très courte, qui ne durerait pas six mois ; que les Yankees ne se battraient pas ; qu'un homme du Sud pouvait les vaincre dans la proportion de dix contre cent ; que l'Angleterre et la France nous reconnaîtraient promptement et nous prêteraient toute l'aide que nous pourrions désirer ; que, quelle que fût leur opinion abstraite au sujet de l'esclavage, leurs intérêts pousseraient ces puissances à encourager sa perpétuation dans le Sud ; que si, après tout elles n'étaient pas disposées à nous secourir, le coton était roi et amènerait bientôt toutes les têtes couronnées d'Europe à nous supplier à genoux, et les forcerait à lever le blocus, s'il y en avait un d'établi, dans les trente jours, dans les soixante jours, dans les cent vingt jours, dans les six mois, dans les neuf mois, dans l'année au plus tard.

Troisièmement, ils ont promis que tous les Etats à esclaves, sauf le Delaware, se joindraient à la Confédération du Sud, que l'esclavage ne serait pas seulement maintenu dans les Etats, mais encore étendu dans tous les territoires où peut vivre le nègre ; que tous les griefs nés de la non-exécution de la loi des esclaves fugitifs seraient promptement redressés ; que la propriété de l'esclave serait établie sur une base aussi sûre que celle du sol.

Quatrièmement, il nous ont promis que le nouveau gouvernement serait une pure confédération d'Etats jouissant d'une souveraineté absolue et égaux en droits ; que les Etats ne seraient pas tyrannisés par un despotisme semblable à celui de l'ancien gouvernement de Washington ; que la glorieuse doctrine des droits des Etats et de la nullification, telle qu'elle a été formulée par M. Calhoun, serait toute-puissante dans la nouvelle Confédération ; que la souveraineté des Etats et leurs décisions judiciaires seraient respectées comme sacrées.

Cinquièmement, ils nous ont promis l'établissement rapide et permanent du meilleur et du plus opulent gouvernement de la terre, dont le crédit serait plus solide que celui de toute autre nation, dont la prospérité et le bonheur feraient l'envie du monde civilisé.

Et enfin, ils nous ont promis que, si la guerre s'ensuivait, ils seraient sur le champ de bataille et répandraient, s'il le fallait, jusqu'à la dernière goutte de leur sang pour la cause de leur bien-aimé Sud.

Voilà quelles ont été leurs promesses. Voyons quels ont été leurs actes.

Au lieu de la sécession pacifique qu'ils ont promise, ils ont soulevé une guerre, telle que nulle autre semblable n'a désolé auparavant aucun pays, depuis que les barbares du Nord ont renversé l'empire romain.

Loin de s'être terminée en six mois, comme ils l'avaient dit, la guerre a déjà duré plus de deux ans, et, si leur politique triomphe, elle durera plus de deux ans encore. Malgré leurs prédictions, les Yankees se sont battus en maintes occasions avec une valeur et une résolution dignes de leurs ancêtres de la Révolution, dignes des descendants de ces austères puritains dont l'âme héroïque et le zèle religieux ont fait de l'armée d'Olivier Cromwell la terreur du monde civilisé, ou de ces huguenots français qui, trois fois dans le seizième siècle, ont héroïquement lutté avec des chances diverses contre tout le génie de la maison de Lorraine et toute la puissance de la maison de Valois. L'Angleterre et la France ne nous ont pas reconnus, n'ont pas levé le blocus, ne nous ont pas montré la moindre sympathie, et il n'y a pas de probabilités qu'elles nous en montrent jamais. Ce qui est universellement reconnu aujourd'hui, c'est que le coton n'est pas roi. Le Maryland ne s'est pas joint à la Confédération ; le Kentucky et le Missouri n'ont jamais été réellement avec nous. Non-seulement l'esclavage n'a pas été rigoureusement maintenu dans les Etats ni étendu dans les territoires, mais encore le Missouri a passé un acte d'émancipation, et le Maryland est prêt à en faire autant plutôt que de quitter sa place dans l'Union. Le dernier espoir d'obtenir un pied dans les territoires pour y propager la servitude est à jamais perdu pour la Confédération.

Non-seulement on n'a pas remédié aux griefs causés par la non-exécution de la loi des esclaves fugitifs dans quelques États du Nord, mais encore le Sud a perdu, depuis l'inauguration de la sécession, plus d'esclaves qu'il ne s'en serait jamais sauvé en cinq siècles avec le maintien de l'Union. Comment ont-ils tenu leur promesse de respecter la souveraineté et les droits des États ? Quel que puisse être le gouvernement en théorie, nous avons en fait une grande centralisation militaire, qui ignore presque entièrement l'existence des États, et n'a nul égard aux décisions de leurs plus hauts tribunaux judiciaires. Le grand despotisme central de Washington, comme ils se sont plu à l'appeler, était, avant la sécession et quelque temps encore après elle, un gouvernement doux et bienfaisant en comparaison du despotisme central de Richmond, sous lequel nous vivons aujourd'hui.

Au lieu de l'établissement rapide et permanent du meilleur et du plus opulent gouvernement de l'univers, avec un crédit sans limites, qu'avons-nous ? Malgré toutes les victoires qu'ils prétendent avoir remportées, ils ont perdu les États du Missouri, du Kentucky, l'Arkansas, le Texas, la Louisiane, le Mississipi et le Tennessee, et ils les ont perdus pour toujours : selon toutes les probabilités, il faudra bientôt y joindre l'Alabama. Des treize États primitifs, il en restera cinq à la Confédération, et dans ces cinq, les Yankees possèdent beaucoup de points importants et le tiers de leur territoire. Jusqu'ici, les Yankees ont toujours gardé toutes les places importantes qu'ils ont prises, et tout indique que Charleston sera bientôt du nombre. La campagne du général Lee en Pensylvanie a été sans nul doute un échec, et avec cet échec s'est évanouie la dernière espérance de conquérir la paix par une invasion heureuse du pays de l'ennemi. Notre armée a certainement été très affaiblie et très découragée par cet échec et par la chute de Wicksburg. Personne ne peut dire combien de temps Richmond même sera en sûreté. Comme le disait l'*Enquirer* de cette ville, il y a quelque temps : « Les Yankees gagnent du terrain sur nous lentement, mais sûrement, acre par acre, mille par mille. » A moins d'une intervention de la Providence en notre faveur, intervention dont je ne vois guère de signes, nous serons, avant qu'il soit longtemps, un peuple subjugué.

Est-il nécessaire de parler de notre crédit illimité, basé sur la garantie du roi coton? Quand nous voyons un des États les plus influents de la Confédération refuser de garantir la plus grande partie de l'émission confédérée; quand le gouvernement confédéré lui-même répudie jusqu'à un certain point ses plus solennelles obligations, nous ne pouvons que supposer que la confiance des autres nations dans la bonne foi et le crédit de ce gouvernement est très limitée. Pour ce qui est de leur promesse d'aller à la guerre et de verser la dernière goutte de leur sang pour la cause de leur bien aimé Sud, nous n'en voyons pas l'accomplissement. Chacun sait comment les sécessionnistes de la Caroline du Nord ont tenu leur promesse ; chacun sait que les chefs, à quelques honorables exceptions près, ne combattront ni ne négocieront jamais.

Quel déplorable spectacle présente à nos yeux l'histoire des deux dernières années! A quelle situation désespérée nous ont-ils menés, et pourquoi? Ils disent qu'ils ont agi ainsi parce que le Nord refusait de nous donner des garanties dans la question de l'esclavage. Nous avons déjà établi que pas une des conventions des sept Etats cotonniers n'en avait demandé. Bien plus, elles ont refusé d'accepter celles que leurs amis des Etats frontières leur auraient obtenues.

Lors de sa session régulière, en janvier 1861, la Caroline du Nord a adopté des résolutions, nommant des commissaires au Congrès de la paix à Washington et à la Convention rassemblée à Montgomery, Alabama, en février 1861, dans le but de voter une Constitution et d'établir un gouvernement provisoire des Etats confédérés d'Amérique. Sur la motion de celui qui écrit ces lignes, la résolution nommant des commissaires à Montgomery fût amendée, de façon à leur donner pour instructions « d'agir seulement comme médiateurs, et de faire tous les efforts possibles pour rétablir l'Union sur la base des propositions Crittenden, telles qu'elles avaient été modifiées par la législature de la Virginie. Les commissaires porteurs de ces instructions étaient M. D. L. Swan, le général Ransom et M. John L. Bridgers, qui, à leur retour, soumirent un rapport à S. Exc. le gouverneur Ellis. Celui-ci le renvoya à la législature, qui le fit imprimer avec les documents législatifs de cette année, parmi lesquels on peut le consulter. Dans ce Rapport, les commissaires constatent qu'ils ont eu toutes les occasions possibles de s'assurer de l'opinion publique dans les Etats cotonniers, et ils ajoutent : « Nous regrettons d'être forcés de rapporter, comme résultat de nos enquêtes, qu'il n'y a qu'une très faible minorité dans ces Etats, disposée, pour le moment, à soutenir une proposition quelconque d'arrangement qui amène une reconstruction de notre Union nationale. Vu cet état de choses, nous n'avons pas estimé qu'il fût de notre devoir d'assister à une des séances secrètes du Congrès. Les résolutions de l'assemblée générale sont déposées devant lui. Les lui ayant soumises comme une offre de paix, nous aurions médiocrement rempli notre mission en entrant dans des discussions qui ne serviraient qu'à envenimer la lutte. »

Mais, dira-t-on, on n'aurait pu obtenir du Nord ces garanties. Nous l'admettons et nous citons ce morceau historique uniquement pour prouver que, quoi que l'on eût pu obtenir, rien n'aurait été accepté. En outre, le Congrès des Etats-Unis avait voté, par une majorité constitutionnelle des deux tiers, la proposition rapportée par M. Corwin, du comité des 26, d'amender la Constitution de manière à perpétuer l'esclavage dans les Etats. Quelles plus fortes garanties pouvait-on donner au moins en ce qui concernait les Etats ? Il est difficile de l'imaginer. Alors, sur quoi roulait donc la querelle ? Sur les territoires. Durant la session du Congrès, qui a été close le 4 mars 1861, des actes ont été adoptés pour pourvoir au gouvernement des trois nouveaux territoires restant : le Colorado, le Nevada et le Dacotah. Ces actes ne contiennent ni trace ni vestige du proviso de Wilmot, ni aucune autre prohibition contre l'introduction de l'esclavage. D'autre part, ils déclarent expressément, entre autres choses, « qu'aucune loi ne sera passée qui puisse mettre en péril les droits de propriété particulière ; qu'on ne fera aucune distinction en taxant les différents genres de propriété, mais que toutes les propriétés sujettes à être imposées le seront en proportion de leur valeur. »

Maintenant, si l'on considère que ces trois territoires sont au Nord du 36° 30', et que dans le nouveau territoire aujourd'hui fondé par les Etats-Unis au sud de cette ligne, l'esclavage existe actuellement et est reconnu par la loi du territoire, on peut bien se poser cette question : « Quoi donc valait la peine d'une querelle, à plus forte raison d'une guerre ? » Voilà une solution de la question des territoires émanant d'un Congrès républicain, qui a donné au Sud ce qu'il avait toujours demandé jusqu'au temps de la convention de Charleston, et bien plus que ce qu'il pouvait en tout cas espérer par la sécession.

Certes, nous pensons qu'il doit être clair à présent que la sécession, lors même qu'elle eût pu s'effectuer pacifiquement, n'aurait pas été un remède pour les griefs dont on se plaignait. Bien plus, en ce qui touche les griefs naissant de l'impossibilité d'obtenir le retour de nos esclaves fugitifs, nous pensons qu'il doit être évident aujourd'hui que la sécession aurait été une aggravation du mal au lieu d'un remède ; nous pensons que tous les hommes calmes et sans passion sont partout prêts à admettre qu'il aurait beaucoup mieux valu pour nous d'avoir accepté les offres proposées et maintenu la paix et l'Union, que d'avoir plongé cette patrie, jusque-là heureuse, dans les horreurs de cette guerre désolante, qui a étendu un suaire sur tout le pays, a porté le deuil dans toutes les familles, a désolé des centaines de mille foyers, a rempli les villes et les campagnes d'invalides et d'estropiés, de veuves et d'orphelins ; a semé la pauvreté, a gaspillé des centaines de mille d'existences et des centaines de millions de trésors ; a rempli nos maisons d'indigents et nos hospices de blessés, uniquement pour jeter l'institution de l'esclavage, que l'on proclame le mobile de la guerre, dans un péril plus grand que ceux qu'elle a jamais courus.

Si tel est l'état dans lequel les chefs sécessionnistes ont mis le pays, la question suivante se présente d'elle-même : « Y a-t-il quelque remède ? » De remède radical, complet et égal au mal, il n'y en a pas ; car qui peut rendre les êtres aimés qu'on a perdus, effacer les désolations ressenties, bannir immédiatement le deuil de notre pays ? Il est cependant un remède qui, avec la main secourable du temps, accomplira beaucoup, énormément ; un remède qui, joint à l'énergie qui suit ordinairement les guerres de désolation, en effacera peut-être presque toutes les traces dans l'espace d'un demi-siècle : ce remède, c'est la paix, une prompte paix ! Mais ils disent que nous sommes dans une telle situation que nous ne pouvons faire aucune proposition de paix ; qu'ayant proclamé notre indépendance, il nous faut combattre jusqu'à ce qu'elle soit volontairement reconnue par les Etats-Unis ou jusqu'à ce que nous soyons entièrement subjugués. Lors de la réunion du Parlement britannique, qui eut lieu le 13 décembre 1792, le roi, dans son discours aux deux chambres, déclara son intention de faire la guerre à la République française. Quand on discuta l'adresse en réponse à ce discours, il s'ensuivit un mémorable débat. Ch.-J. Fox prononça à cette occasion une de ces puissantes harangues qui ont rendu son nom immortel, qui l'ont marqué à jamais comme un des plus forts orateurs anglais, comme le premier des hommes d'Etat de la Grande-Bretagne. Dans le courant de son discours, il s'écria : « Nous dédaignons de négocier. Pourquoi? Parce que nous n'avons pas de ministre à Paris. Pourquoi n'y avons-nous pas de ministre ? Parce que la France est une République. Ainsi, nous devons payer la guerre du sang et de l'argent du peuple pour une formalité. La route du sens commun est simple, unie et droite ; celle de l'orgueil et de la formalité puérile est aussi rude que tortueuse. » Dans le langage passionné de M. Fox, nous demanderons si nous devons payer la guerre du sang et de l'argent du peuple pour une formalité puérile ? Suivrons-nous le sentier de l'orgueil et de la vanité pointilleuse, aussi rude que tortueux, ou bien prendrons-nous la route simple, unie et droite du sens commun, qui peut conduire aux plus heureux résultats? Les quatre cinquièmes du peuple de cette portion de la Caroline du Nord, que baigne pendant une longue suite de milles la rivière Yadkin, et, nous le croyons, les quatre cinquièmes de tout l'Etat, sont en faveur de ce dernier parti.

La seule grande demande du peuple de l'Etat, est la paix ; la paix, avec des termes qui ne nous asservissent ni ne nous dégradent. Il préférerait bien peut-être que l'indépendance du Sud fût reconnue, mais il croit qu'elle ne peut plus être obtenue à présent ; en voyant la situation des affaires, il ne voit pas qu'il y ait lieu d'espérer beau-

coup pour l'avenir. Si, sans aucuns moyens de recrute-
ment, se demande-t-on naturellement, nous ne pouvons
maintenir nos propres armées contre celles que les Yankees ont actuellement en campagne, comment ferons-
nous pour leur résister quand ils y auront joint les
300,000 nouvelles recrues qui seront bientôt prêtes, tandis qu'ils peuvent toujours remplir leurs cadres sur une
grande échelle, sinon sur le pied du maximum, grâce aux
nombreux aventuriers qui arrivent constamment dans
leurs ports de tous les pays d'Europe? Enfin, si l'indépendance ne peut être reconnue, le peuple est pour des
conditions de paix honorables, des conditions qui ne nous
dégradent pas.

Par quelle voie les ouvertures doivent-elles être faites
ou le mouvement inauguré? C'est ce que nous laissons à
proposer aux hommes d'Etat les plus sages et les plus ca-
pables. Cependant, nous conseillerons au peuple d'élire au
prochain Congrès des membres qui soient en faveur d'un
armistice de six mois, et en même temps en faveur de
la soumission de toutes les questions en litige à une convention de délégués de tous les Etats du Nord et du Sud,
lesdits délégués devant être élus par le peuple lui-même,
de façon à être agréés par les deux parties. Il en est
d'autres qui désirent que le peuple de la Caroline du
Nord soit consulté dans sa capacité souveraine, et qu'il
nomme une convention. La législature lui soumettrait la
question de « convention ou de non-convention, » comme
elle a fait en 1861. Une semblable convention ne man-
querait pas d'être l'expression des sentiments du peuple
de l'Etat, attendu que tous, citoyens et soldats, seraient
consultés.

En terminant, nous supplions les amis de l'humanité,
par tout l'Etat, de déployer leurs efforts les plus énergi-
ques, dans le but d'obtenir aussi promptement que pos-
sible une paix honorable.

Paris. — Imprimerie de Dubuisson et Ce, rue Coq-Héron, 5.